RATUS POCHE

COLLECTION DIRIGÉE PAR JEANINE ET JEAN GUION

Ratus chez les robots

Les aventures du rat vert

- Le robot de Ratus
- Les champignons de Ratus
- Ratus raconte ses vacances
- Le cadeau de Mamie Ratus
- Ratus et la télévision
- Ratus se déguise
- Les mensonges de Ratus
- Ratus écrit un livre
- L'anniversaire de Ratus
- Ratus à l'école du cirque
- Ratus et le sapin-cactus
- Ratus et le poisson-fou
- Noël chez Mamie Ratus
- Ratus et les puces savantes
- Ratus en ballon
- Ratus père Noël
- Ratus à l'école
- Un nouvel ami pour Ratus
- Ratus et le monstre du lac
- Ratus et le trésor du pirate
- Ratus chez le coiffeur
- Ratus et les lapins
- Les parapluies de Mamie Ratus
- La visite de Mamie Ratus
- Ratus aux sports d'hiver
- Ratus pique-nique
- Ratus sur la route des vacances
- La grosse bêtise de Ratus
- Le secret de Mamie Ratus
- Ratus chez les robots
- Ratus à la ferme
- Ratus champion de tennis
- Ratus et l'œuf magique
- Ratus et le barbu turlututu
- Les fantômes de Mamie Ratus
- La classe de Ratus en voyage
- Ratus en Afrique
- Ratus et l'étrange maîtresse
- Ratus à l'hôpital
- Ratus et la petite princesse
- Ratus et le sorcier
- Ratus gardien de zoo
- En vacances chez Ratus
- Ratus le chevalier vert

 ISSN 1259 4652, ISBN 978-2-218-74088-6

Ratus chez les robots

Une histoire de Jeanine et Jean Guion
illustrée par Olivier Vogel

Hatier jeunesse

VILLERATUS . MAINTENANT.

Les personnages de l'histoire

1

Ce samedi-là, Ratus est assis au coin du feu, dans un chalet à la montagne. Il bavarde avec Marou et Mina. Et comme toujours, il se vante :

– Moi, je pourrais grimper au sommet du mont Blanc si je voulais, mais pas Victor. Pour l'escalade, il est nul !

– Tu paries ? demande Victor qui a tout entendu. Le nul contre le rat vert. Le premier qui aura le vertige aura perdu ! 1

– Pari tenu ! répond Ratus.

– Alors, départ demain matin, dit Victor.

Mais toute la nuit, il neige. Pendant le petit déjeuner, Belo conseille à Victor de rester au chalet.

– Ceux qui ont peur sont des froussards ! dit Ratus. Moi, j'y vais.

Et c'est ainsi que Victor et le rat vert partent sur les pentes du mont Blanc.

Voilà maintenant deux heures qu'ils avancent dans la neige.

– C'est encore loin ? grogne Ratus.

– On n'a même pas commencé, ricane 2
Victor.

Ratus s'étonne. Par la fenêtre, le mont Blanc semblait être à côté du chalet.

– On va grimper tout là-haut ? demande-t-il, inquiet, en montrant le sommet.

Comme Victor fait oui de la tête, Ratus lui crie qu'il est fou, et l'écho répète que Victor est fou. Alors Ratus crie de toutes ses forces que Victor est un âne et la montagne répète : Victor est un âne. En même temps, elle gronde. On la croirait en colère.

– Tais-toi, dit Victor. Tu vas déclencher une avalanche.

Trop tard ! La neige dévale la pente et Victor a juste le temps de se mettre à l'abri entre deux rochers. Ratus est englouti dans 3
un tourbillon blanc. Le calme revenu, Victor appelle :

– Ratus ! Ne fais pas l'idiot, réponds-moi ! Raaaaaatuuuus !

Mais personne ne répond. Rien.

Les secours arrivent, un hélicoptère, des gendarmes alpinistes, des chiens, mais toujours rien. Ratus est introuvable. Il a bel et bien disparu sous l'avalanche.

••••••

Qu'est-il arrivé à Ratus ?

2

Quatre individus sont encordés et 4
descendent dans la crevasse d'un glacier. 5
Ils ressemblent à des astronautes avec leurs combinaisons blanches et les casques qui leur cachent le visage. Au moyen d'une scie-laser, ils découpent un énorme morceau de glace qu'ils placent dans un caisson spécial. Ils le chargent ensuite dans un camion frigorifique et prennent la direction de Villeratus.

Le lendemain, dans un laboratoire secret, une machine qui ressemble à un énorme lave-linge ronronne doucement.

– Réchauffez très lentement, dit quelqu'un.

– Le cœur, toujours rien ?

– Rien. Aucun battement

Dans la machine, la glace fond. À travers la buée, on distingue quelque chose de vert, 6
emmitouflée dans un pull de laine. Tout à coup, un point se met à danser sur un écran. Une voix annonce :

– La bête reprend vie… Battements très faibles du cœur…

– Envoyez le séchage doux.

La buée commence à se dissiper.

– La bête a de grandes oreilles, une tête bizarre… Un museau tout cabossé… Mais… c'est Ratus ! On a retrouvé le rat vert qui avait disparu il y a deux cent quinze ans !

Des individus en blanc courent dans tous les sens. D'autres arrivent et se penchent vers le hublot de la machine.

– Il faut prévenir le Conseil Royal tout de suite. C'est urgent.

– Que fait-on en attendant sa décision ?

– Continuez à le dégeler, dit un général couvert de médailles. Mais ne le sortez pas du caisson avant mon retour. Pas question qu'il s'échappe.

Il quitte la salle de décongélation, place des gardes devant la porte et se rend à la réunion du Conseil Royal. Il prend aussitôt la parole :

– Majesté, dit-il, la situation est grave. Nous avons retrouvé le rat vert. Vous vous souvenez de son histoire ?

– Évidemment, dit le roi. Il avait disparu au cours d'une ascension du mont Blanc il y a deux cent quinze ans et plus personne ne l'avait jamais revu. À l'époque, mon ancêtre Victor Ier le Musclé aurait dit « Plus de rat, bon débarras », ce qui est devenu la devise de notre royaume. 7

– Eh bien, maintenant nous savons ce

qui s'est passé, dit le général. L'affreux rat vert avait été entraîné par la neige dans la crevasse d'un glacier où le froid l'avait congelé. Nous sommes en train de le ramener à la vie.

Le chef de la police bondit :

– C'est une catastrophe ! crie-t-il. Depuis la disparition du rat vert, la cité de Villeratus vivait en paix. Tout risque de recommencer comme avant : les farces, les grimaces aux gendarmes, les fromages qui sentent mauvais… Ce sera l'enfer !

Alors, le roi se lève et déclare :

– Moi, Victorubu, roi de Villeratus,
descendant de mon ancêtre Victor Ier le 8
Musclé, je décide que le rat vert doit être
interrogé dès qu'il sera dégelé et qu'il sera
recongelé ensuite pour l'éternité. La séance 9
est levée.

3

Dans le laboratoire, le rat vert entrouvre les yeux. Il les referme aussitôt.

« Je dois rêver ! » se dit-il.

Il vient d'apercevoir des personnages curieux qui ont tous la même tête. Mais quelle tête ? Sa mémoire fonctionne encore mal. Il ouvre à nouveau les yeux et regarde autour de lui.

– Où je suis ? Je veux ma mamie. Et Mina.

Maintenant, il se souvient.

– Je veux aussi Marou, mon copain… Belo le grand-père chat… Et M. Labique, mon marchand de fromage… Et le grand idiot musclé ! Comment il s'appelle, déjà ?

D'après l'histoire, quel personnage ne peut pas être dans le laboratoire ?

Vi… Vitorteil, Vicoreille… Un nom comme ça… Vic… Vicpoire ! non… Victrognon, Victordu, Victorchon… Euh… Victor ! Ça y est, je sais. Le grand idiot s'appelle Victor.

Tout à coup, Ratus fait un bond sur sa table. Non, ce n'est pas possible. Ils sont six dans le laboratoire et ils ont tous la même tête : celle de Victor ! Il y a une femme à tête de Victor et cheveux frisés, un grand maigre à moustache et tête de Victor, et les autres aussi, tous avec la tête du gros chien.

– Au secours, Mamie ! Au secours, Belo ! hurle le rat vert. Je fais un cauchemar horrible. Il y a des Victor partout !

Il se pince, puis crie à nouveau. Personne ne répond. Ou plutôt si : d'autres Victor arrivent en courant. Il y en a des gros, des petits, des grands, tous avec des blouses de médecin. L'horreur ! Ratus s'évanouit.

– Il est très faible, dit le docteur Victorin.

– Ce n'est pas bon signe, dit l'infirmière Victorine.

Et elle lui fait une piqûre de vitamines, tandis que le professeur Victoribus déclare :

– Pour le réveiller, il faut lui masser le cerveau. Passez-moi le frotte-méninges.

Un bruit de crécelle, c'est le frotte- 11
méninges et Ratus revient à lui. Il ouvre les yeux et, apercevant toutes ces têtes de Victor penchées sur lui, il se dépêche de les refermer. Il les rouvre très lentement et demande d'une petite voix inquiète :

– Où je suis ?

– À Villeratus. On t'a retrouvé dans le glacier où tu étais tombé il y a deux cent quinze ans. Tu étais congelé.

– Alors, vous avez dû retrouver un gros musclé en même temps que moi…

Tous les Victor se regardent, gênés. Ils

ont deviné que le rat vert parle de celui qui a échappé à l'avalanche et qui est devenu ensuite le premier roi de Villeratus sous le nom de Victor Ier le Musclé.

Devant leur silence, Ratus pose la question à laquelle il pense depuis qu'il a ouvert les yeux :

– Pourquoi vous avez tous la tête de Victor ?

Le pharmacien Victorozac s'arrête de compter les pilules d'un énorme bocal pour répondre.

– On est des victorobots, dit-il. On a tous la tête de notre bon roi Victor Ier le Musclé parce qu'il était le plus beau. C'est comme ça. Mais comme tu le vois, il n'y a pas de gros muscles au labo. Ici, nous sommes les savants, et nous n'avons pas droit aux gros muscles. Par contre, nous avons une grosse tête. On ne peut pas tout avoir !

Qui fut le premier roi de Villeratus ?

On dirait qu'il a l'air triste. Ratus devine qu'il aurait bien aimé avoir les deux.

– C'est pourtant facile d'avoir les deux, dit le rat vert. Il suffit de bien travailler à l'école et de faire beaucoup de gym. Bien sûr, si on veut des muscles vraiment très gros, il faut se fatiguer tous les jours et beaucoup transpirer.

– Tu n'y es pas, dit le pharmacien. On ne va pas à l'école.

– Génial ! dit Ratus.

– Et pour les muscles, c'est pareil, ajoute-t-il. Pas besoin de se fatiguer.

Ratus s'est assis sur sa table. Il réfléchit :

– Alors, dans ce cas, je veux avoir une tête de savant et des muscles d'athlète. Tout de suite. Qu'est-ce que je dois faire ?

Mais au lieu de répondre, les Victor baissent le nez.

– C'est que… ça pose des problèmes,

dit Victorizette, l'infirmière souriante. D'abord, tu n'as pas une tête de Victor…

– Heureusement ! dit Ratus. Elle est très bien, ma tête. Je ne veux pas en changer.

– Ensuite c'est impossible. On ne peut pas avoir à la fois une tête de savant et des muscles d'athlète.

Victorozac explique encore :

– Il y a seulement deux sortes de robots : ceux qui ont une grosse tête bien pleine et ceux qui ont de gros muscles bien durs. Bien sûr, il arrive que certains soient ratés à la fabrication et qu'ils aient un peu des deux. On ne les jette pas, on les utilise pour commander. Ils sont au Conseil Royal.

Ratus en reste la bouche ouverte de
stupéfaction. Il est sur le point de poser 12
une autre question quand le général entre.

– Général Victorissime, chef de l'armée de Villeratus, annonce un garde.

Une nouvelle fois, Ratus reste la bouche ouverte sans parvenir à articuler un son, tout juste s'il finit par bredouiller :

– Mais y'a jamais eu d'armée à Villeratus !

– Bien sûr que si, fait le général d'une voix énergique. Elle a été créée en l'an 2 après l'Avalanche, par notre bien-aimé Victor Ier le Musclé, pour lutter contre les rats verts.

– Mais, dit Ratus, il n'y a qu'un seul rat vert. C'est moi ! Et j'avais disparu dans l'avalanche. J'étais congelé.

– Oui mais vous ne l'êtes plus ! fait le général d'un ton sévère.

Alors Ratus ne peut pas s'empêcher de penser que le général Victorissime n'a vraiment pas une grosse tête.

4

Quelques heures plus tard, le rat vert est dans la salle d'interrogatoire. Un victorobot très musclé vient s'asseoir en face de lui.

– Qui êtes-vous ? demande Ratus avec un sourire malicieux.

– Ben… je suis Victoricier. Je suis chargé de t'interroger…

– Eh bien, vas-y ! lui dit Ratus.

– Ben… C'est toi qui faisais des farces à Victor, notre merveilleux ancêtre à tous ?

Le rat vert a envie de rire. Les Victor du labo avaient raison. Ce victorobot-là a des gros muscles et vraiment une toute petite cervelle. Alors, il répond par une question :

– Tu es un robot, toi aussi ?

– Ben… oui, comme tout le monde.

– Il n'y a personne qui ressemble à Belo et à Mina ou à ma grand-mère ?

– Ben… Euh… Je ne sais pas, ce n'est pas écrit dans ma tête. Moi, je suis fort. Par exemple, si tu bouges, je peux t'assommer.

– Et si je bouge parce que je veux aller faire pipi, tu m'assommeras ?

Le robot a l'air de ne pas comprendre.

– C'est quoi *faire pipi* ? demande-t-il.

Ratus le lui explique.

– Euh… Je ne savais pas, dit le robot. Nous autres, les robots, on n'a pas de robinet.

– Ben moi, j'en ai un, dit Ratus. Et ça presse…

Mais le robot est en retard de deux phrases. Il ne comprend rien à ce problème de robinet, malgré tous ses efforts.

– En somme, fait-il, avec ton robinet tu es

Qu'est-ce que Ratus réussit à faire ?

comme une sorte de lavabo.

– Si tu veux, mais dépêche-toi de te décider. Ça presse vraiment… Tu parles, depuis deux cent quinze ans, j'ai rudement envie de faire pipi !

– Il faut que je demande à mon chef.

Victoricier sort pour aller consulter son chef. Comme il est très préoccupé par cette histoire de robinet à laquelle il ne comprend vraiment rien, il oublie de refermer la porte derrière lui. Ratus se lève et jette un coup d'œil dans le couloir. Personne, sauf des caméras de surveillance, mais il n'y fait pas attention. Il prend ses jambes à son cou et court en direction d'une porte marquée « SORTIE ». Au moment où il la pousse, les sirènes de sécurité se mettent à hurler. Il a juste le temps de se précipiter dans une petite pièce sur sa gauche. C'est un débarras, bien rangé, avec des balais, des produits de nettoyage, un aspirateur et des poubelles sur roulettes. Ratus saute dans la plus grosse et disparaît sous les papiers qu'elle contient. Il referme le couvercle sur lui, mais pas complètement pour pouvoir respirer. À peine est-il caché qu'un robot policier entre et fouille la pièce.

– Le rat vert n'est pas là. Au fait, à quoi ça ressemble un rat vert ?

La voix d'un autre policier lui répond :

– Je crois que c'est une sorte de Victor, mais en tout vert, avec un grand museau et de grandes oreilles.

– Ben… il n'y a pas de grandes oreilles vertes dans le placard à balais.

Et les policiers s'en vont. Le calme revient. Dans sa poubelle, Ratus n'ose pas bouger. Il attend un long moment, puis soulève le couvercle et jette un coup d'œil dans la pièce. La lumière qui passe par une petite fenêtre lui indique que le soleil est en train de se coucher.

« Je me sauverai quand il fera nuit. » décide-t-il.

Il bâille, parce qu'il est fatigué, parce qu'il n'a pas mangé depuis deux cent quinze ans, juste la piqûre de vitamines, tout à l'heure. Il bâille encore, et ses paupières sont lourdes, si bien qu'il finit par s'endormir, blotti dans ses vieux papiers. Il rêve de Mina, de Belo, de Marou et de sa grand-mère. Les reverra-t-il un jour ? Victor, c'est différent. Il y en a des dizaines autour de lui. Dans son rêve, les musclés sont d'un côté et marchent au pas en tapant du pied. De l'autre côté, les non-musclés sont assis par terre et se moquent de ceux qui défilent. Mais voilà le général qui se fâche et les victorobots qui se battent entre eux.

Où Ratus est-il caché ?

Ratus se retrouve au milieu de la mêlée sans savoir pourquoi ni comment, et les Victor l'attrapent, le soulèvent à bout de bras et le secouent.

Ratus en est là de son cauchemar quand il se réveille en sursaut. Sa poubelle roule ! Quelqu'un doit la pousser. De temps en temps, elle s'arrête et on lui jette une corbeille de vieux papiers sur la tête, puis la poubelle repart. Tout à coup, Ratus entend crier :

– Poubelle pleine !

Quelqu'un arrive en sifflotant et pousse la poubelle à toute vitesse dans les couloirs, puis il la vide dans un camion. Ratus
suffoque. Une terrible odeur de poisson lui 13
donne des nausées. Tout à coup, le camion démarre, puis roule à vive allure. Un peu plus tard, il s'arrête et la benne se lève.

– Les chats vont se régaler, dit un robot.

« Celui-ci doit s'appeler Victordure ! » pense Ratus.

Le camion repart et le rat vert reste là, au milieu des poissons et des vieux papiers. Il n'ose pas bouger. Il a peur. Tout est noir. Et soudain, il aperçoit des torches dans la nuit. Des silhouettes s'approchent en silence. Le rat vert se dit que les victorobots l'ont retrouvé et que sa dernière heure est arrivée. Les lumières dansent de plus en plus près de lui, sans bruit. Elles sont maintenant tout près…

5

Quand Ratus entrouvre les yeux, il découvre des visages familiers : des grands-pères et des grands-mères chats, des mamies rates, et même des enfants chats qui ont l'air aussi gentils que Marou et Mina. Mais ils sont tous habillés de haillons.

– Chic ! Vous n'êtes pas des victorobots ! s'écrie Ratus, tout heureux.

– Non, dit un chat barbu comme Belo. Nous, nous sommes les vrais habitants de Villeratus. Les robots nous ont chassés. Nous avons juste le droit de vivre près de la décharge à ordures. Ils mangent toute la viande, mais ils laissent des poissons, alors ils les jettent et nous venons les prendre

Quelle est la statue dont parle le vieux rat ?

quand il fait nuit. Nous nous cachons dans la forêt pendant la journée.

– Et toi, qui es-tu ? demande une jeune chatte qui ressemble à Mina.

– Je suis Ratus, le rat vert. J'étais tombé dans un glacier, il y a très longtemps.

– Mais oui, c'est bien lui ! dit un vieux rat. On sait tous ce qui t'est arrivé. C'est écrit dans les livres d'histoire. Après ton
accident, nos ancêtres ont érigé une statue 14
en souvenir de toi, sur la place de la gare.

Il va chercher un livre et montre la photo de la statue, puis il lit :

« Après la disparition de Ratus dans l'avalanche, Victor s'ennuyait beaucoup. Pour s'occuper, il se présenta aux élections de Villeratus et fut élu maire. Deux ans plus tard, il se fit proclamer roi et devint Victor Ier, plus connu sous le nom de Victor le Musclé. »

Ratus hoche la tête.

– Alors, c'était bien vrai ce que m'a raconté Victorozac.

Le vieux rat a refermé son livre.

– Comment se fait-il que tu sois là ? demande-t-il.

Ratus raconte que des victorobots l'ont retrouvé dans le glacier, qu'ils l'ont décongelé, puis qu'il s'est sauvé.

– Ils vont te chercher, dit un chat. Ils t'attraperont et ils te recongèleront ou ils te tueront. Tu es notre seul espoir. Il faut que tu retournes dans ton époque. Comme ça, tu empêcheras que Victor soit élu maire, il ne deviendra pas roi et on ne construira pas des victorobots qui nous réduisent à la misère.

– Je veux bien, dit Ratus, mais je ne sais pas comment retourner dans le passé.

– Viens, nous allons te montrer notre

secret, lui dit le vieux rat.

Ils emmènent Ratus dans une grotte au cœur de la forêt. Là, des chats savants sont en train de bricoler un engin bizarre qui ressemble vaguement à un satellite.

– C'est une machine à remonter le temps, explique un chat à barbe blanche. On ne l'a pas encore essayée. On devait envoyer l'un de nous pour t'empêcher de partir à la montagne et de disparaître dans l'avalanche. Mais puisque tu es là, ça change tout.

– Je suis d'accord pour retourner faire des farces à Victor et l'empêcher d'être roi ! dit Ratus. Et puis, mes amis me manquent.

– Tu es courageux, dit la petite chatte qui lui rappelle Mina.

Et elle fait un bisou sur le museau vert de Ratus qui rougit et bafouille :

– Glérez bien… euh… réglez bien votre machine !

Qui va partir dans la machine à remonter le temps ?

Les chats savants décident de ramener Ratus le jeudi avant l'avalanche.

– On peut aussi régler l'endroit où tu arriveras. Choisis.

– Dans mon lit, dit-il.

Ratus dit au revoir. La petite chatte lui fait encore un gros bisou, tout le monde applaudit et il monte dans la machine qui se met à tourner sur elle-même et à siffler. Elle finit par tourner si vite que son sifflement fait mal aux oreilles. Puis tout à coup, elle s'arrête. Les chats ouvrent la porte. Ratus n'est plus là…

6

Quand Ratus se réveille, il n'ouvre pas les yeux tout de suite. Il tâte d'abord autour de lui et reconnaît son lit. Il écoute. Pas un bruit, juste des oiseaux qui chantent dehors. Alors il entrouvre un œil. Il a peur de voir des Victor partout, mais non. Personne. Ouf ! Il est seul dans sa chambre.

Il sort de sa maison et grimpe sur son mur. Marou et Mina jouent au ballon tandis que Belo et Victor bêchent le jardin.

– Salut tout le monde ! crie-t-il. Quel jour est-on ?

– Jeudi, répond Belo. Après-demain, on sera tous à la montagne !

– Pas question, dit le rat vert. Je n'y vais

pas. Je ne veux pas me faire avalancher et 15
finir dans un glacier.

Belo rit et Victor hausse les épaules.

– Peureux ! dit le gros chien.

– Tais-toi, Majesté ! réplique le rat vert. Dans le royaume d'où je viens, on t'appelait Victor Ier le Musclé.

Victor pense que Ratus a dû rêver, mais
flatté par ce nom, il se redresse, gonfle ses 16
muscles et sourit.

– Il y avait aussi des robots intelligents, continue Ratus. Ils te ressemblaient un peu, juste un petit peu. Il y en avait d'autres qui étaient bêtes comme leurs pieds. Ceux-là, ils étaient exactement comme toi.

À ces mots, Victor se précipite vers Ratus, mais le rat vert ne cherche pas à se sauver.

– Tu te laisses attraper, aujourd'hui ? s'étonne le gros chien.

– Attends, je n'ai pas fini. Le beau roi…

Victor lâche Ratus.

– Comment tu l'appelais, déjà, ce roi ?

– Victor Ier le Musclé !

Victor se met à rêver. Il s'imagine en maillot d'athlète, assis sur un trône, avec une couronne sur la tête… Ses sujets s'inclinent devant lui et l'admirent.

En voyant Victor l'œil dans le vide et le
visage illuminé par un sourire béat, Ratus 17
comprend le danger.

« Mais, cet idiot a vraiment envie d'être roi ! pense-t-il. Je ne devrais pas raconter ce qui m'est arrivé. » Il se rappelle ce que lui a dit un grand-père chat en haillons : « Il ne faut pas que tu ailles à la montagne, il faut que tu continues à faire des farces à Victor, comme ça il sera occupé et il ne pensera pas à devenir roi. »

Alors Ratus annonce vite, certain que sa grand-mère lui pardonnera ce mensonge :

– Mamie Ratus m'a téléphoné. On est tous invités dimanche chez elle pour son anniversaire. Je lui ai dit qu'on irait.

– Adieu la montagne, soupire Belo.

– D'accord, dit Victor. Je lui demanderai ce qu'elle pense de mon nouveau nom : Victor Ier le Musclé.

Ratus se dépêche d'ajouter :

– J'ai oublié de te dire… Le royaume où je suis allé, c'était le royaume des ânes. Victor Ier le Musclé, c'était le roi des ânes !

Il éclate de rire et se sauve à toutes jambes, poursuivi par Victor.

1
le **vertige**
C'est quand on a l'impression que tout bouge et qu'on va tomber.

2
ricaner
Rire en se moquant.

3
être **englouti**
Ratus disparaît tout d'un coup sous la neige.

4
encordés
Attachés les uns aux autres par une corde.

5
la **crevasse**
Fente étroite et profonde dans un glacier.

6
la **buée**
Très petites gouttes d'eau qui se déposent sur une vitre.

7
la **devise**
Ce sont les paroles qui résument des idées choisies par un pays. « Liberté, égalité, fraternité » est la devise de la France.

8
les **descendants**
Ce sont les enfants dans une famille. Ratus est un descendant de Mamie Ratus.

les **ancêtres**
Ce sont les plus vieux dans une famille. Un ancêtre est très âgé ou bien il a vécu il y a longtemps.

9
pour l'**éternité**
Pour toujours.

10
s'évanouir
Se sentir mal.
C'est comme si
on s'endormait
d'un seul coup.

11
un bruit de **crécelle**
Bruit désagréable,
comme le bruit d'une
crécelle, sorte de petit
moulin qu'on faisait
tourner à la main.

12
la **stupéfaction**
Ratus est très étonné,
au point de ne plus
pouvoir bouger.

13
suffoquer
Ne pas pouvoir
respirer.

14
ils ont **érigé**
Ils ont installé
une statue.

15
se faire ***avalancher***
Être pris sous une
avalanche. Mot
inventé par Ratus.

16
flatté
Très content
et tout fier.

17
un sourire **béat**
Sourire heureux,
mais un peu bête.

Les aventures du rat vert

- 1 Le robot de Ratus
- 3 Les champignons de Ratus
- 6 Ratus raconte ses vacances
- 7 Le cadeau de Mamie Ratus
- 8 Ratus et la télévision
- 15 Ratus se déguise
- 19 Les mensonges de Ratus
- 21 Ratus écrit un livre
- 23 L'anniversaire de Ratus
- 26 Ratus à l'école du cirque
- 29 Ratus et le sapin-cactus
- 36 Ratus et le poisson-fou
- 39 Noël chez Mamie Ratus
- 40 Ratus et les puces savantes
- 46 Ratus en ballon
- 47 Ratus père Noël
- 50 Ratus à l'école
- 54 Un nouvel ami pour Ratus
- 57 Ratus et le monstre du lac
- 61 Ratus et le trésor du pirate
- 67 Les belles vacances de Ratus
- 1 Ratus chez lz coiffeur
- 2 Ratus et les lapins
- 3 Les parapluies de Mamie Ratus
- 8 La visite de Mamie Ratus
- 9 Ratus aux sports d'hiver
- 13 Ratus pique-nique
- 23 Ratus sur la route des vacances
- 27 La grosse bêtise de Ratus
- 31 Le secret de Mamie Ratus
- 38 Ratus chez les robots
- 41 Ratus à la ferme
- 46 Ratus champion de tennis
- 56 Ratus et l'œuf magique
- 60 Ratus et le barbu turlututu
- 64 Ratus chez les cow-boys
- 66 Le jeu vidéo de Ratus
- 5 Les fantômes de Mamie Ratus
- 8 La classe de Ratus en voyage
- 12 Ratus en Afrique
- 16 Ratus et l'étrange maîtresse
- 26 Ratus à l'hôpital
- 29 Ratus et la petite princesse
- 31 Ratus et le sorcier
- 33 Ratus gardien de zoo
- 47 En vacances chez Ratus
- 52 Ratus le chevalier vert

Super-Mamie et la forêt interdite

- 42 Super-Mamie et le dragon
- 44 Les farces magiques de Super-Mamie
- 48 Le drôle de cadeau de Super-Mamie
- 59 Super-Mamie et le coiffeur fou
- 42 Au secours, Super-Mamie !
- 45 Super-Mamie et la machine à rétrécir
- 57 Super-Mamie, dentiste royale
- 62 Le Grand Baboul fait la classe

Collection Ratus Poche

Les histoires de toujours

- 27 Icare, l'homme-oiseau
- 32 Les aventures du chat botté
- 35 Les moutons de Panurge
- 37 Le malin petit tailleur
- 41 Histoires et proverbes d'animaux
- 49 Pégase, le cheval ailé
- 26 Le cheval de Troie
- 43 La légende des santons de Provence
- 49 Les malheurs du père Noël
- 52 À l'école de grand-père
- 21 L'extraordinaire voyage d'Ulysse
- 36 Les douze travaux d'Hercule
- 40 Les folles aventures de Don Quichotte
- 46 Les mille et une nuits de Shéhérazade
- 49 La malédiction de Toutankhamon
- 50 Christophe Colomb et le Nouveau Monde

Ralette, drôle de chipie

- 10 Ralette au feu d'artifice
- 11 Ralette fait des crêpes
- 13 Ralette fait du camping
- 18 Ralette fait du judo
- 24 Une surprise pour Ralette
- 28 Le poney de Ralette
- 38 Ralette, reine du carnaval
- 45 Ralette, la super-chipie !
- 51 Joyeux Noël, Ralette !
- 56 Ralette, reine de la magie
- 62 Ralette et son chien
- 70 En voiture, Ralette !
- 4 Ralette n'a peur de rien
- 6 Mais où est Ralette ?
- 44 Les amoureux de Ralette

L'école de Mme Bégonia

- 11 Drôle de maîtresse
- 25 Un voleur à l'école
- 33 Un chien à l'école

La classe de 6e

- 44 La classe de 6e au Puy du Fou
- 48 La classe de 6e contre les troisièmes

Collection Ratus Poche

Les imbattables

- 54 La rentrée de Manon
- 55 Le chien de Quentin
- 58 Barnabé est amoureux !
- 61 Le courage de Manon
- 63 Le mystère du cheval sauvage
- 65 Les éléphants en danger
- 67 Manon et le bébé loup

Baptiste et Clara

- 30 Baptiste et le requin
- 40 Clara et la robe de ses rêves
- 51 Clara et le secret de Noël
- 53 Les vacances de Clara
- 59 Clara fait du cinéma
- 38 Clara superstar
- 41 Clara et le garçon du cirque
- 43 Clara, reine des fleurs
- 45 Clara et le cheval noir
- 51 Clara et le dauphin

Francette top secrète

- 52 Mystère à l'école
- 53 Drôle de momie !
- 55 Mission Noël
- 58 Enquête à quatre pattes
- 60 Le fantôme de Trucmachin
- 64 Vacances au Pouloulou
- 68 Justin à la folie

M. Loup et Compagnie

- 63 Mission petite souris
- 65 SOS, père Noël !
- 66 Trop bon, le dinosaure !
- 69 Attention, ouistiti !

Conception graphique couverture : Pouty Design
Conception graphique intérieur : Jean Yves Grall • mise en page : Atelier JMH

Achevé d'imprimer en France par Pollina, 85400 Luçon - n°L57313
Dépôt légal n°74088-6/08 - Juin 2011